COLLECTION D'UN AMATEUR (2e Partie)

Vente des Mardi 4 et Mercredi 5 Avril 1911

HOTEL DROUOT SALLE No 9

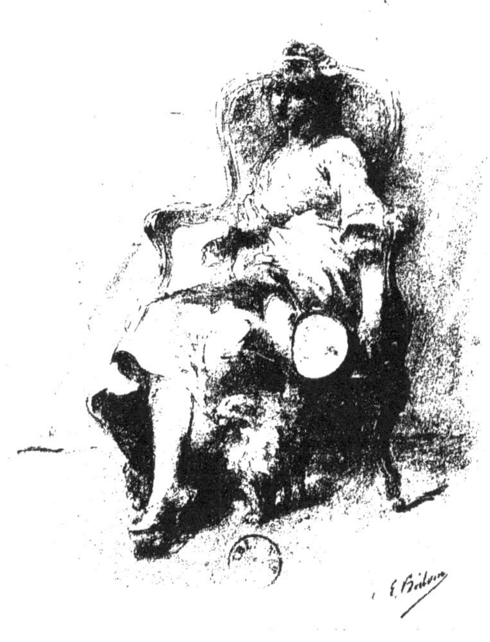

No 7 du Catalogue

DESSINS ET ESTAMPES MODERNES

Œuvre de FANTIN-LATOUR

Me ANDRÉ DESVOUGES,
26, Rue de la Grange-Batelière.

M. EDMOND SAGOT,
39 *bis*, Rue de Châteaudun.

FRAZIER-SOYE

GRAVEUR-IMPRIMEUR

153-157, RUE MONTMARTRE

PARIS

CATALOGUE

DES

DESSINS & AQUARELLES

Par MM. ADELINE, ANDRIEUX, BÉRAUD (J.), BOILLY
BOILVIN, CHASSERIAU, CHÉRET, CORTAZZO, DAUBIGNY
DAUMIER, DELACROIX, DULAC, FANTIN-LATOUR
FROMENTIN, GAILLARD, JEANNIOT, LALANNE, LEGROS
J.-F. MILLET, H. MONNIER, MUCHA, RAFFAELLI, RAFFET
ROPS, TH. ROUSSEAU, TROYON, ZORN

ESTAMPES MODERNES

Par MM. A. BERTON, BLÉRY, BODMER, BOILVIN
F. BUHOT, BURNEY, P. DE CHAVANNES, DAUBIGNY, DORÉ
FORTUNY, GAILLARD, S. HADEN, P. HUET, CH. JACQUE,
JACQUEMART, KŒPPING, LHERMITTE, MANET,
d'après MEISSONIER, d'après J.-F. MILLET, PANKIEWICZ, F. ROPS
STRANG, TOULOUSE-LAUTREC, WHISTLER, ZORN

Œuvre de FANTIN-LATOUR

OEuvre de Eug. CARRIÈRE — OEuvre de Paul HELLEU
OEuvre de Frank LAING — OEuvre de Jean PATRICOT
OEuvre de James TISSOT — OEuvre de Ch. WALTNER

Dont la vente aura lieu

à Paris, HOTEL DROUOT, Salle N° 9

Les Mardi 4 et Mercredi 5 Avril 1911

à 2 heures précises

Par le Ministère de Me ANDRÉ DESVOUGES,
COMMISSAIRE-PRISEUR
26, Rue de la Grange-Batelière

Assisté de M. EDMOND SAGOT, Éditeur
et Marchand d'Estampes, Expert
39 bis, Rue de Châteaudun, 39 bis (IXe)

CONDITIONS DE LA VENTE

Elle sera faite au comptant.

Les adjudicataires paieront *dix pour cent* en sus des enchères.

M. EDMOND SAGOT, chargé de la vente, remplira les commissions que voudront bien lui confier les amateurs ne pouvant y assister.

MM. les amateurs pourront visiter la collection, *39 bis, rue de Châteaudun*, du Jeudi 30 Mars au Samedi 1er Avril 1911, de 10 heures à 5 heures.

ORDRE DES VACATIONS

Mardi 4 Avril. —	Dessins	Nos 1 à 60.
	Estampes	61 à 243.
Mercredi 5 Avril. —	Estampes.	244 à la fin.

CATALOGUE DE LA 3e PARTIE

DE LA

COLLECTION D'UN AMATEUR

Comprenant principalement des Œuvres de :

BAUER, BÉJOT, BEURDELEY, BRACQUEMOND
MARY CASSATT, CHÉRET, FORAIN, LOUIS LEGRAND, LEGROS
LEHEUTRE, LEPÈRE, LUNOIS, MAC LAUGHLAN
NICHOLSON, PENNELL, RAFFAELLI, RENOUARD
STEINLEN, WILLETTE

Dont la vente aura lieu les 1er et 2 Juin prochain

N.-B. — Les personnes qui désireraient recevoir ce catalogue sont priées de vouloir bien se faire inscrire à l'avance.

DÉSIGNATION

DESSINS ET AQUARELLES

ADELINE

1. Vue de Rouen, effet de lune, dessin à l'encre de chine, signé (H. 250. L. 170).

ANDREAS

2. Pougues, crayon et aquarelle, encadrée. (H. 970. L. 620). Maquette pour une affiche inédite.

ANDRIEUX

3. Chanteurs ambulants ; dessin au crayon rehaussé de couleurs, signé et daté ; encadré (H. 370. L. 180).

BATTLE (Bartholozzi)

4. Jeune Femme dans une voiture, dessin rehaussé signé (H. 440 L. 270).

BÉRAUD (Jean)

5. Une Parisienne, plume et aquarelle signée ; encadré (H. 320. L. 170).

BOILLY (Louis)

6. Portrait d'Homme, dessin au crayon rehaussé de couleurs ; sous verre (H. 220. L. 190).

BOILVIN

7. Coquetterie, important dessin à la mine de plomb, signé, encadré (H. 260. L. 200).

BRUNET DEBAINES

8. Paysage : important dessin au fusain, signé et daté 1870, cadre blanc (H. 330. L. 390).

CHAHINE (Edgar)

9. Louise France, en buste, très beau dessin au crayon, grand in-f°, signé. (H. 0.69. L. 0.49)

CHASSÉRIAU (Th.)

10. Othello et Desdémone, aquarelle signée et datée 1847, encadrée (H, 0.21. L. 0.16).

CHENNEVIÈRE (Cécile)

11. Jeune Fille feuilletant des journaux, dessin à la sépia, signé. (H. 300. L. 220).
Illustration de « Princesse » d'Halévy.

CHÉRET (G.)

12. Rose, pastel, signé : encadré (H. 410. L. 210).

13. Sourire, pastel, signé : encadré (H. 350. L. 220).

CORTAZZO

14. Vieille Femme devant un portail en fleurs, dessin à la sépia, signé (H. 390 L. 270).

COURBOIN

15. Pressoir du XVIe siècle à Argenteuil, aquarelle signée (H. 400 L. 290).

DANTAN (Jeune)

16. Portrait du Général Yousouf, dessin à la plume signé et daté ; encadré (H. 180. L. 150).

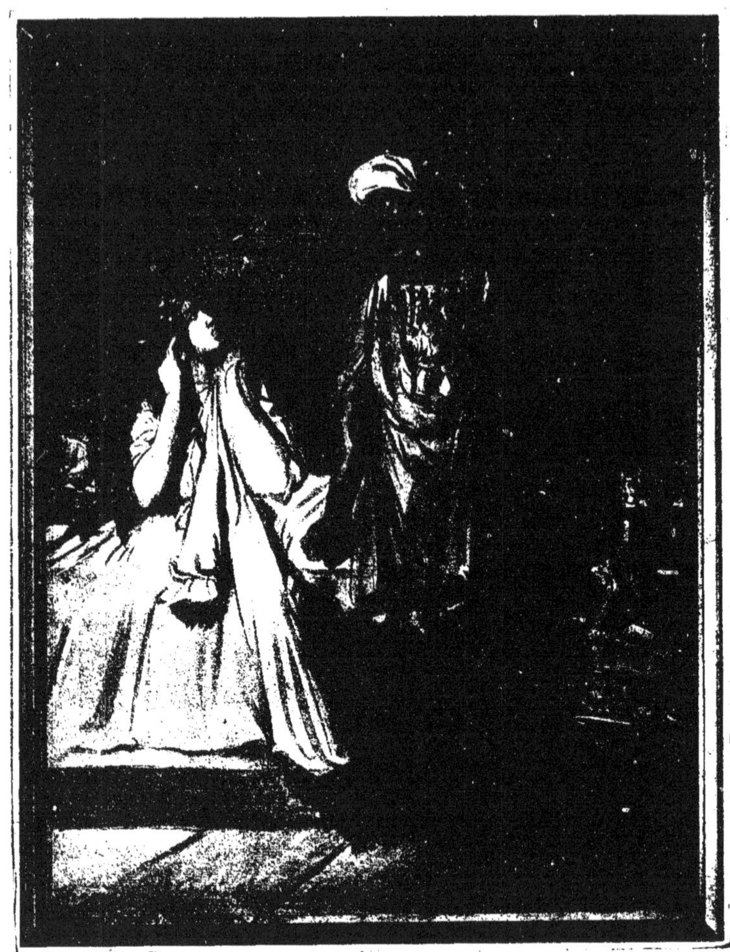

N° 10 du Catalogue.

DAUBIGNY (Ch.)

17. Paysage, important dessin au fusain, signé et daté ; encadré (H. 330. L. 570).

DAUMIER

18. Tête de Vieillard, très beau dessin à la plume rehaussé de lavis, encadré (H. 100. L. 120).

DELACROIX (Eug.)

19. Étude de Nu, dessin au crayon avec le monogramme ; encadré (H. 115. L. 210).

20. Homme nu entrouvrant la mâchoire d'un lion, dessin au crayon, avec le cachet ; encadré. (H. 210. L. 250).

DENNEULIN (Jules)

21. Scène de Paysans, dessin à l'encre de chine. (H. 180 L. 280).

DULAC (Ch.)

22. La Terrasse, dessin original au crayon, signé. (H. 0.30. L. 0.45.

EVRARD (le Capitaine)

23. 4 Vignettes pour les Chansons de Béranger, d'après Henri Monnier, dessins à la plume aquarellés.

FANTIN-LATOUR

24. Baigneuses, très beau dessin sur papier à report, signé, encadré (H. 200. L. 145).

FRAIPONT — ROBAUDI

25. Quatre grandes compositions à la plume, les 3 premières par Fraipont, la 4e par Robaudi, contenant les vignettes des ouvrages publiés par Conquet de 1881 à 1891. (H. 360. L. 560). Proviennent de la collection Conquet.

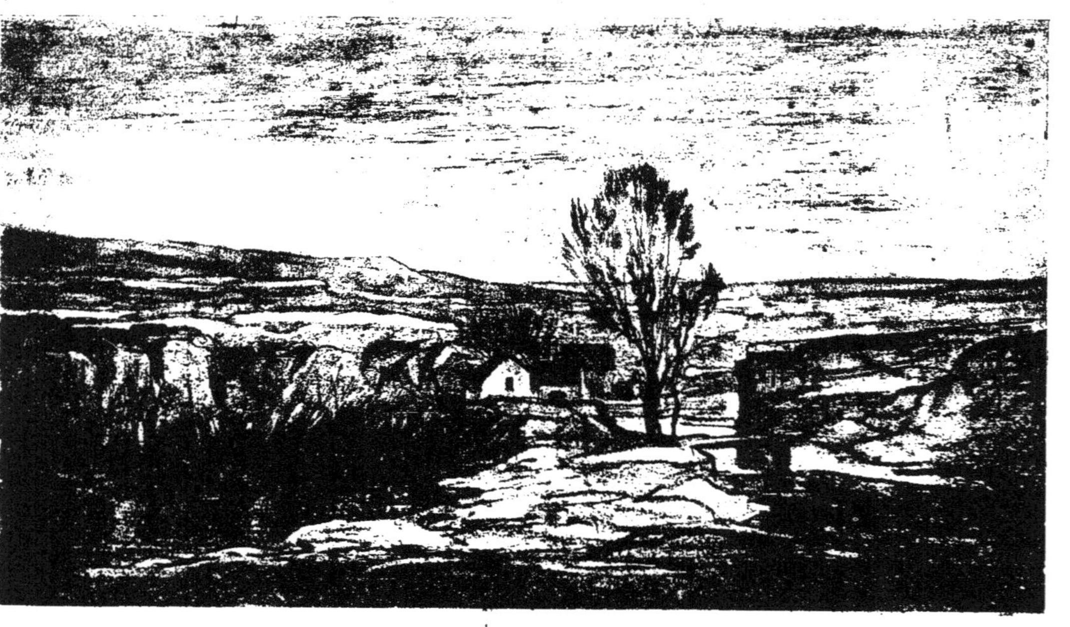

N° 17 du Catalogue.

FROMENTIN (Eug.)

26. Laghouat, Juillet 1853 ; dessin au crayon, cachet de la vente ; encadré (H. 170. L. 270).

GAILLARD (C.-F.)

27. La plage de Villerville, étude à l'aquarelle signée, encadrée (H. 140. L. 220).

28. Portrait de la Princesse Bibesco, très belle aquarelle signée, encadrée (H. 230. L. 145).

29. Dom Guéranger, abbé de Solesmes, sur son lit de mort, important dessin au crayon, signé, timbré. (H. 220. L. 290).

GRATTEM

30. Place de Marché, aquarelle signée, encadrée. (H. 140. L. 285).

JEANNIOT (G.)

31. Chez le Dentiste, étude, crayon rehaussé d'aquarelle, signé, sous verre (H. 0.32. L. 0.24).

32. La Petite Ménagère, encre de chine et lavis, signée, (H. 350. L. 240).

33 Un Bal officiel sous la IIIe République ; encre de chine et lavis, signé (H. 325. L. 445).

JOB

34. Les Grenadiers de la Garde à Eylau, plume et lavis, signé (H. 370. L. 250).

LALANNE

35. Vue du Port de Bordeaux, très important dessin au fusain, signé, encadré. (H. 430. L. 620).

36. Un Pont dans un parc, fusain, signé (H. 550. L. 440).

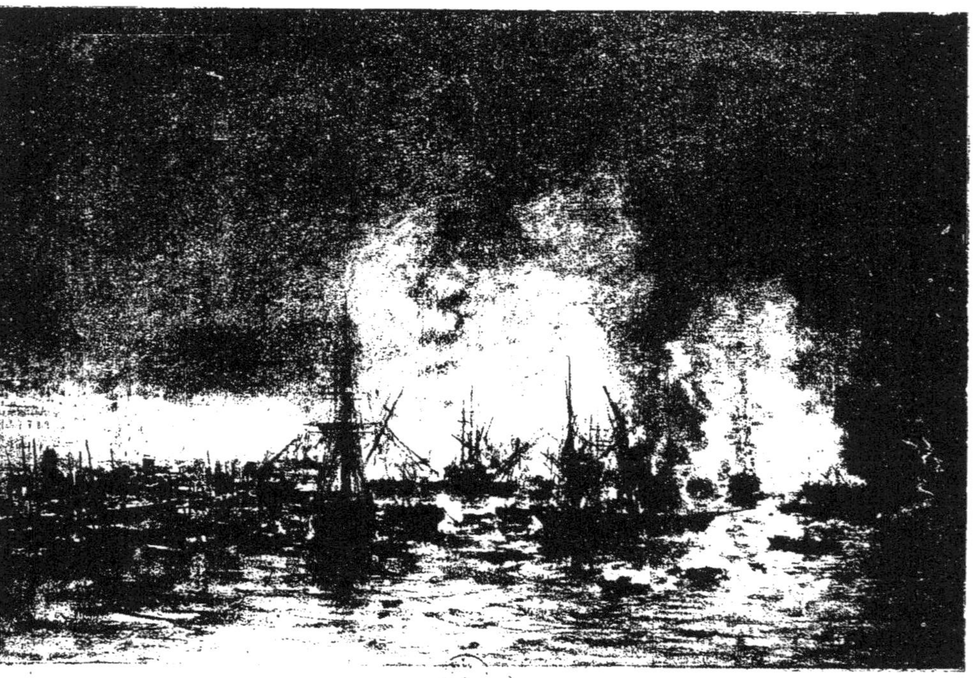

N° 18 du Catalogue.

37. Du haut de l'ascenseur : Exposition de Bordeaux. — Trouville. — Douarnenez. — La Tamise à Richmond, 4 importants dessins au crayon dans un même cadre. Dimension moyenne (H. 290. L. 470).

38. Incendie dans le port de Bordeaux, très important dessin au fusain, signé, encadré (H. 410. L. 600).

LEGROS

39. Profil de Jeune Fille (Mlle Anna Legros, fille du peintre). Très beau dessin à la pointe d'argent, signé et daté, encadré (H. 300. L. 220).

LUIGINI

40. Tête de Hollandaise, monotype imprimée en sanguine, signée, encadrée. (H. 0.15. L. 40.15).

MILLET

41. Vichy : Chemin sous bois, croquis à la plume rehaussé d'aquarelle. (H. 0.150. L. 0.115).

42. La Ferme aux deux Toits, dessin à la plume, timbré. (H. 0.174. L. 0.10).

43. L'Escalier du Verger, dessin au fusain, timbré. (H. 0.28. L. 0.22).

44. Femme dans un bois, dessin au crayon, signé des initiales ; encadré (H. 220. L. 150).

MONNIER (H.)

45. Joseph Prudhomme, à la plume. (H. 140. L. 100).

MOREAU (Adrien)

46. Bords de rivière, (H. 170. L. 240). — Repos aux champs. (H. 310. L. 230), deux dessins au crayon rehaussés d'encre de chine.

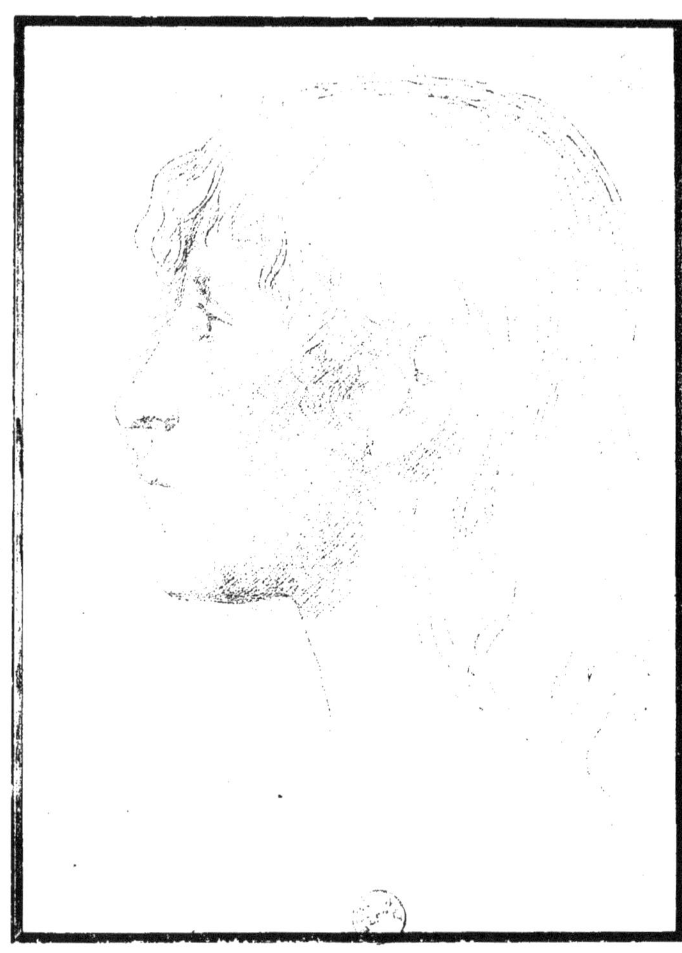

N° 39 du Catalogue.

MUCHA

47. Dessin pour les Bons de l'Exposition Universelle Religieuse, importante composition rehaussée de gouache et d'encre de chine (H. 270. L. 340).

OSTERLIND (A.)

48. Danseuse espagnole, important dessin au crayon rehaussé, signé : encadré (H. 490. L. 390).

RAFFAELLI (J.-F.)

49. Portrait de Félicien Champsaur, aquarelle signée, encadrée (H. 400. L. 310).

RAFFET

50. Le Drapeau des zouaves, croquis à la plume (de la collection Mène). (H. 150. L. 180).

ROPS (F.)

51. Don Gusman d'Alfarache, crayon et aquarelle signé des initiales et daté ; encadré. (H. 180. L. 170).

ROUSSEAU (Th.)

52. Rochers dans les bois, important dessin au lavis provenant de la collection Sensier: encadré (H. 290. L. 420).

SCHAEFFER

53. Tête de Jeune Femme, lavis signé, encadré (H. 280. L. 200).

SCHOMMER

54. Un Dîner à l'Ambassade (Chez le Cte d'Arnim), beau dessin au crayon et à l'encre de chine, signé. (H. 320. L. 220).

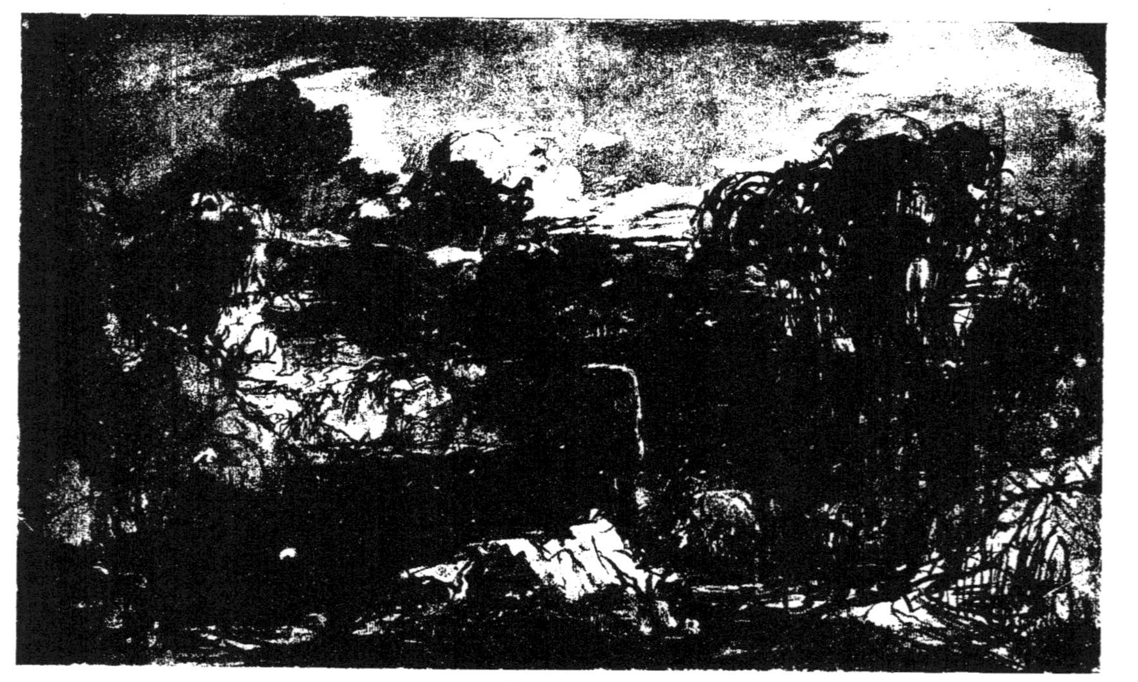

N° 52 du Catalogue.

TATTEGRAIN (F.)

55. Tête de Femme, peinture sur bois, signée, encadrée (H. 0.31. L. 0.21).

TESSON (L.)

56. Bazar en Orient, aquarelle signée, encadrée. (H. 175. L. 300).

TROYON (C.)

57. Vache beuglant, étude au crayon, signée des initiales, encadrée (H. 250. L. 180).

VOLLON

58. Chaumières, étude au fusain, signée, encadrée. (H. 140. L. 180).

WEISZ (A.)

59. Jeune Femme versant de la bière, dessin à la sépia et gouache, signée (H. 310. L. 220).

ZORN

60. Tête de Jeune Femme, très belle aquarelle signée et datée 1885; cadre ébène (H. 0.37. L. 0.27).

ESTAMPES

APPIAN — BALLIN — DE BAR

61. Le Port de Monaco, sur papier rose. — Cheminée de l'atelier. — Chapelle et Tombeau de Marie Stuart, 2 p., sur papier rose. — Le Lac, suite de 16 compositions, belles épreuves sur chine (B. 28-43) ; ensemble 19 pièces.

ARDAIL

62. Jeune Précieuse, d'après Toudouze, 2 états sur parchemin et japon avec remarque, une avec dédicace signée.

BERTON (A.)

63. Baigneuse s'essuyant, eau-forte en couleurs (L'Estampe nouvelle), très belle épreuve, numérotée et signée (16/50), sur japon.

BERTON (A.)

64. La Rieuse, lithographie, très belle épreuve de remarque sur chine.

BLÉRY (Eug.)

65. Études dessinées et gravées d'après nature 1840 (B. 20-27). Série complète sur divers papiers, très belles épreuves, l'une, la plus belle en double, ensemble 9 pièces. Nous y ajoutons les planches 9 et 10, études de plantes (B. 141 et 142), en tout 11 pièces.

66. Paysages (B. 1, 4, 5, 7 à 10, 12 et 13), ensemble 9 pièces, très belles épreuves.

67. Études gravées d'après nature, 1842 (B. 30-34). — Souvenirs pittoresques, seulement les nos B. 36, 39, 41 (en double), 43. — Paysages gravés à l'eau-forte et diverses suites (B. 63, 73, 74, 73 planche détruite, 147; ensemble 15 pièces, très belles épreuves.

68. Pont de Dorieu près de Lyon, d'après Duclaux. — Les 4 grandes plantes (B. 143-146), ensemble 5 pièces, très belles épreuves sur chine, 1 signée.

BODMER (K.)

69. Combats de cerfs. — Cerfs et faons en haute futaie, 2 lithographies in-f° en hauteur, très belles épreuves d'artiste, signées. — Cerf haletant au milieu d'une clairière. — Cerf et trois faons sous de hautes futaies ; 2 lithographies grand in-f° en largeur, épreuves sur chine, *avec dédicace*, signées ; ensemble 4 pièces.

70. Lithographies originales : Biches et faons. — Lièvre poursuivi par un autour. — Cerf au bord d'une mare. — Retour du gagnage, ensemble 4 pièces, très belles épreuves sur chine collé. Nous y joignons le *Bodmer au Bas Bréau*, cliché glace par *A. Vacquez*.

71. Un coin de jardin, lithographie (en collaboration avec Mouilleron), très belle épreuve sur chine.

BOILVIN (Em.)

72. L'Assemblée dans un parc, d'après Watteau, très belle épreuve d'artiste signée.

73. Les Bibliophiles, d'après Fortuny (B. 9), superbe épreuve de remarque, signée et timbrée, sur japon.

74. Bivouac près Metz. — Baigneuse. — Étude par Courtry, d'après Boilvin, ensemble 3 pièces, très belles épreuves.

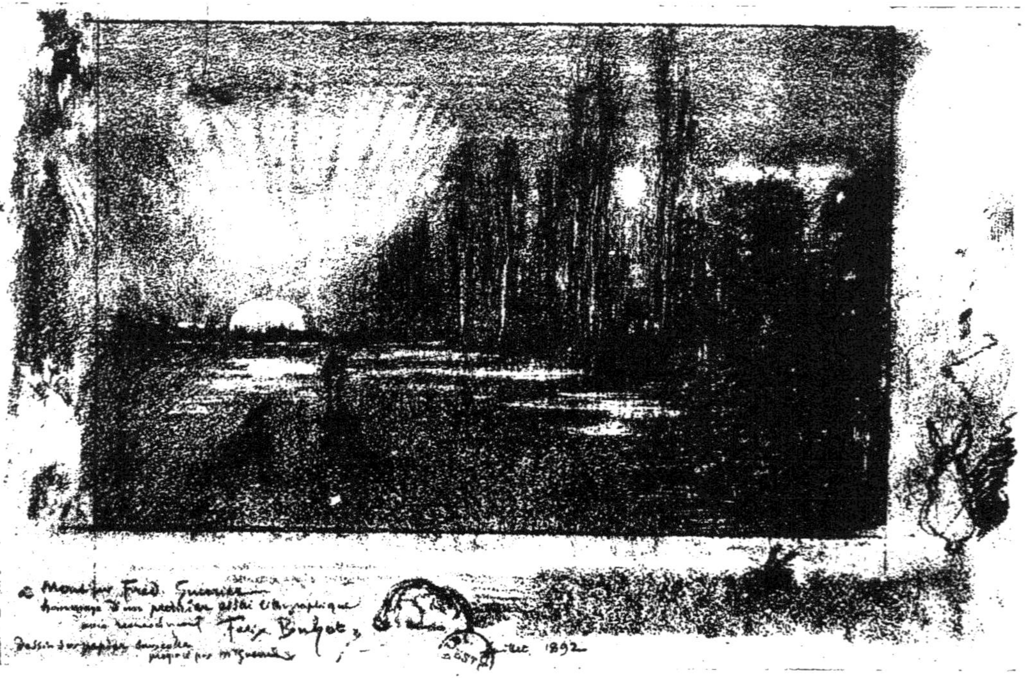

N° 99 du Catalogue.

75. Le Christ à Gethsemani d'après Dagnan. — Vespertina Quies, d'après Burne-Jones, ensemble 2 très belles épreuves sur parchemin, signées des peintres et du graveur, une avec remarque.

76. En reconnaissance, d'après Meissonier, très belle épreuve d'artiste, sur japon, signée.

BUHOT (Félix)

77. Japonisme (G. B. 11 à 20). Titre et 10 eaux-fortes, suite complète de 10 eaux-fortes avec couverture en double état, très belles épreuves.

78. Le Puits de la Butte-aux-Cailles (G. B. 41). — Pluie et parapluie (G. B. 68). — La Fête nationale au boulevard Clichy (B. 127). Ensemble 3 pièces, très belles épreuves, 2 signées.

79. Une matinée d'automne (G. B. 71). Très belle épreuve avec dédicace signée.

80. Les Anes de la Butte-aux-Cailles (G. B. 74). — Les Gardiens du logis (G. B. 76). épreuve sur papier essencé. — Un Grain à Trouville (G. B. 122), épreuve sur papier essencé, signée et timbrée ; ensemble 3 pièces, très belles épreuves.

81. Une matinée d'hiver au quai de l'Hôtel-Dieu (G. B. 125), superbe épreuve du 3e état sur papier essencé, timbrée.

82. Le Retour des Artistes (G. B. 125), très belle épreuve de la collection Goncourt.

83. L'Hiver à Paris (G. B. 128), superbe épreuve signée et timbrée.

84. La Place Pigalle (G. B. 120), très belle épreuve sur papier essencé, timbrée.

85. Une Jetée en Angleterre (G. B. 132), très belle épreuve sur chine, signée.

86. La Traversée (G. B. 143), très belle épreuve avec la mention : 1re épreuve du 2e état, signée.

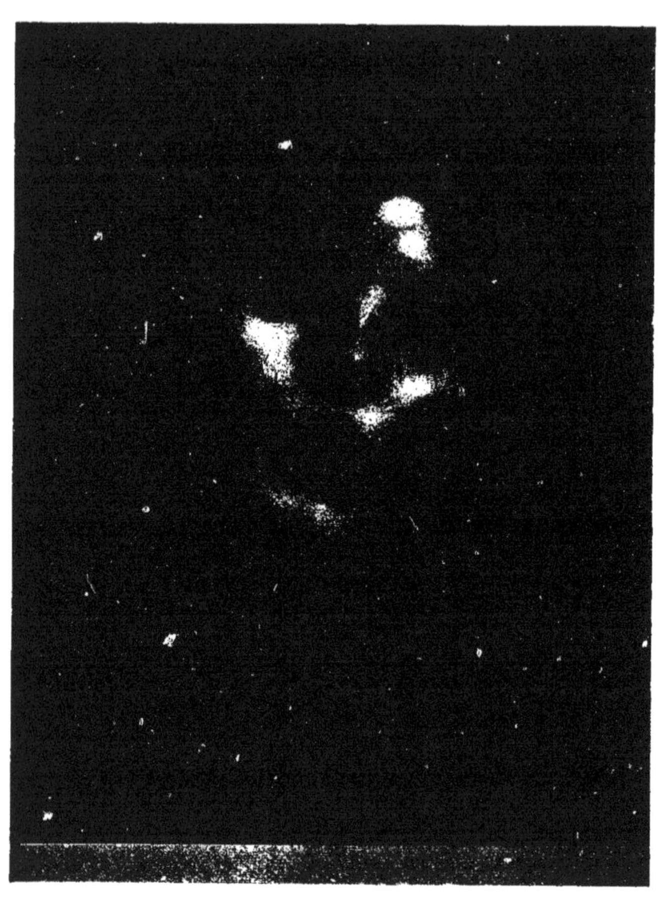

N° 111 du Catalogue.

87. La Dame aux Cygnes (G. B. 144), très belle épreuve timbrée.

88. Les Voisins de campagne (G. B. 148), très belle épreuve timbrée.

89. Les Grandes Chaumières (G. B. 150), superbe épreuve d'essai timbrée.

90. La Chapelle Saint-Michel (G. B. 152), très belle épreuve sur japon.

91. Le Petit Enterrement (G. B. 154), très belle épreuve sur papier verdâtre, timbrée.

92. Westminster Palace (G. B. 155), superbe épreuve du 1er tirage timbrée.

93. Westminster Clock Tower (G. B. 156), très belle épreuve.

94. Le Hibou (G. B. 161), très belle épreuve timbrée. — La Dame aux Cygnes (G. B. 144), très belle épreuve : ensemble, 2 pièces.

95. La Place des Martyrs et la Taverne du Bagne (G. B. 163), superbe épreuve du 1er état sur papier essencé, signée.

96. La même, très belle épreuve de l'état terminé : signée et timbrée sur papier essencé.

97. La Falaise, baie de Saint-Malo (G. B. 165), très belle épreuve du 2e état.

98. Les Oies (G. B. 166), très belle épreuve d'essai en 2 tons signée et timbrée.

99. Le Petit Chasseur (G. B. 181), superbe épreuve du 1er état, avec dédicace signée, sur chine volant.

BURNEY (Eug.)

100. La Chocolatière, d'après Liotard, très belle épreuve signée.

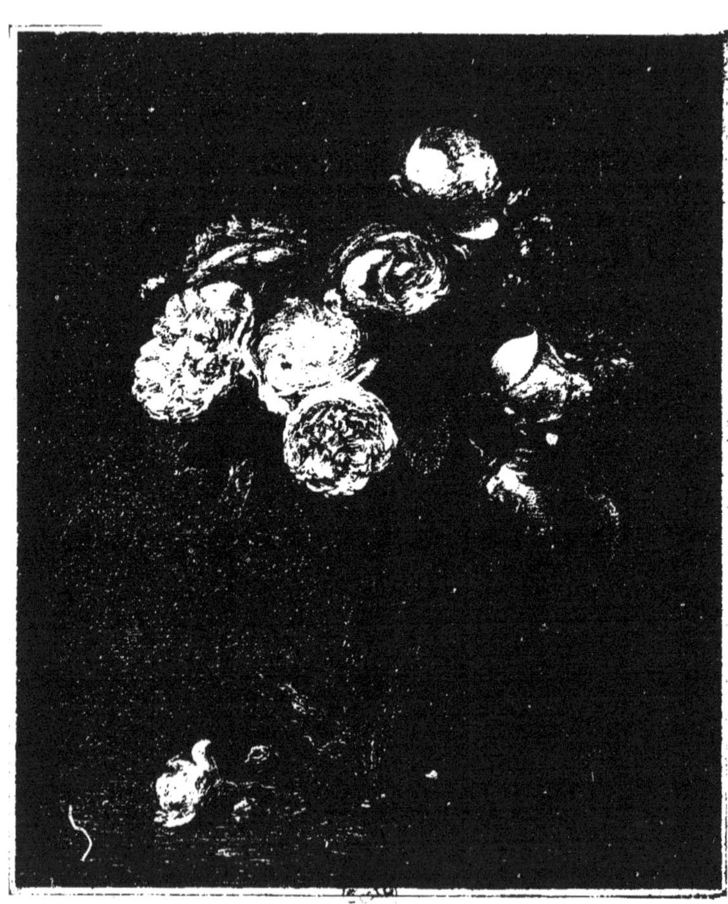

N° 143 du Catalogue.

101. Monseigneur de Ségur, d'après Gaillard. — Le Jour, d'après Michel-Ange, 2 pièces, très belles épreuves signées, l'une avec dédicace.

102. P. Corneille, très belle épreuve *de remarque*, *avec dédicace*, signée.

103. Marthe Brandès, d'après Chartran. — Monseigneur Guibert, d'après Leduc, 2 pièces, très belles épreuves, sur japon, *avec dédicace*, signées.

104. La Vierge et l'Enfant Jésus, d'après une terre cuite du XVe siècle, très belle épreuve d'état, avec dédicace signée.

105. La même, très belle épreuve d'un état postérieur, avec dédicace signée.

106. La même, très belle épreuve de l'avant-dernier état, sur japon, signée.

BULAND (E.) — BURNEY (E.) — BUSSIÈRE (G.)

107. Portrait de Femme, d'après Holbein. — Le Pape Innocent X. — La Walkyrie, 2 états ; ensemble 4 pièces, 2 signées et une *avec dédicace.*

CARRIÈRE (Eug.)

108. Alphonse Daudet, très belle épreuve sur vélin.

109. Madame Carrière, de face, très belle épreuve sur chine volant.

110. Madame Carrière, de face, très belle épreuve *d'essai*, tirée à trois (très rare).

111. Marguerite Carrière, une des 5 épreuves appliquées sur japon, signée (très rare).

112. La Consolation, très belle épreuve sur chine.

113. Edmond de Goncourt, très belle épreuve sur chine, signée.

114. Tête de Femme, de face, gravée par Waltner, 2 épreuves d'état différents imprimées en sanguine, l'une signée par le peintre et le graveur.

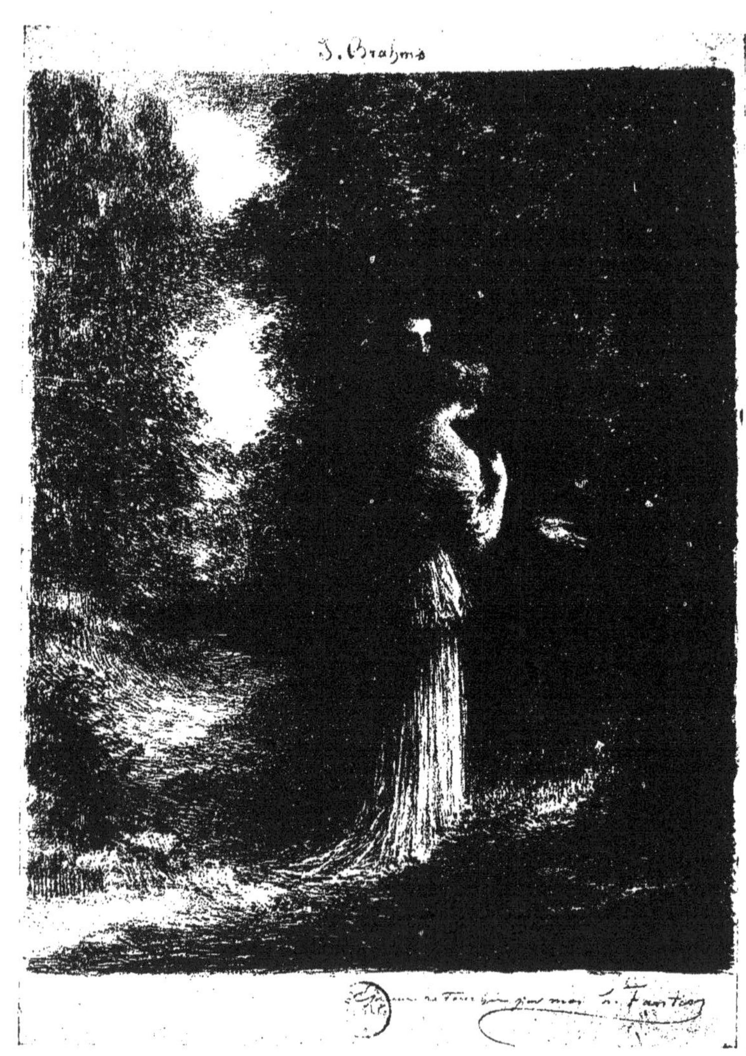

N° 147 du Catalogue.

115. Jean Dolent, très belle épreuve sur chine volant.

116. La Lecture, très belle épreuve sur chine volant.

117. Le Modèle Vénitien, superbe et rare épreuve sur éhine, imprimée en sanguine.

118. Rodin, très belle épreuve sur chine, signée.

119. Tête de Femme, le menton appuyé sur la main, très belle épreuve sur chine.

120. Tête de Femme, le menton appuyé sur la main, *pointe sèche*, très belle épreuve.

121. Paul Verlaine, superbe épreuve sur chine, signée.

CHASSÉRIAU (Th.)

122. Arabe montant en selle (B. 22), très belle épreuve sur chine.

CHAVANNES (Puvis de)

123. La République, lithographie originale, épreuve d'essai sur chine. — Tête de Jeune Fille, lithographie originale, numérotée et signée; ensemble 2 pièces très belles épreuves.

DAUBIGNY (Ch.)

124. Les Bergers sous bois, très belle épreuve sur parchemin. (Henriet 112).

125. Les Cerfs au bord de l'eau, très belle épreuve avec l'adresse de Beillet. (H. 72).

126. Voyage en bateau, croquis à l'eau-forte, *Paris*, 1862, album de 15 eaux-fortes sur chine, avec texte et couverture imprimée in-f° toile blanche. Envoi *autographe signé* (tiré à 50 exemplaires).

DEVERIA (Eug.)

127. Victor Hugo, très belle épreuve sur chine.

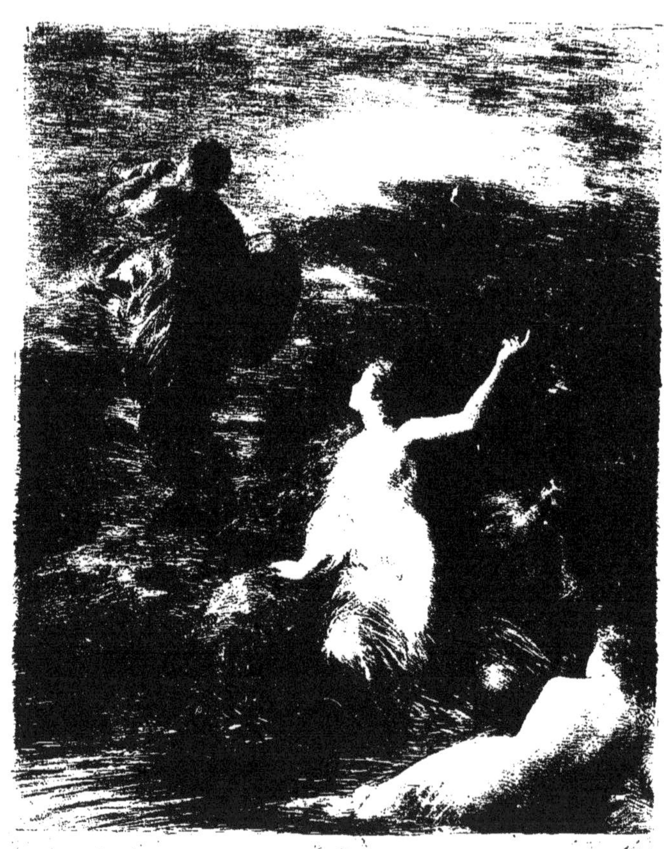

N° 166 du Catalogue.

DORÉ (Gustave)

128. La Légende du Juif-Errant (affiche), très belle épreuve rare.

129. Le Néophyte, 6e planche, très belle épreuve.

FANTIN-LATOUR (Henri)

130. A la mémoire de Robert Schumann (Hédiard 5), très belle et rare épreuve du 1er état, signée.

131. La même pièce, très belle épreuve du 2e état.

132. L'Anniversaire (H. 7), superbe épreuve d'état *avant le nom de l'imprimeur* sur chine (rare).

133. Scène première du Rheingold (H. 8), très belle épreuve sur chine, signée.

134. Scène première du Rheingold (H. 8), très belle épreuve sur chine.

135. Tannhaüser, Venusberg, 2e planche (H. 9), superbe épreuve sur chine.

136. Duo des Troyens, 1re planche (H. 10), très belle épreuve sur chine bleuté

137. Baigneuses, 1re planche (H. 11), superbe et très rare épreuve, sur chine, avec dédicace signée (tirée à 6).

138. Rinaldo, 1re planche (H. 14), superbe et très rare épreuve sur chine, avec dédicace signée à M. Henri (tirée à 5 épreuves).

139. Étoile du soir, 1re planche (H. 16), très belle épreuve sur chine volant, signée

140. Finale du Rheingold (H. 18), superbe et rarissime épreuve du 2e état (tirée à 4), sur chine, signée.

141. Rinaldo, 2e planche (H. 19), très belle épreuve sur chine, signée.

142. Duo des Troyens, 2e planche (H. 22), très belle épreuve, signée

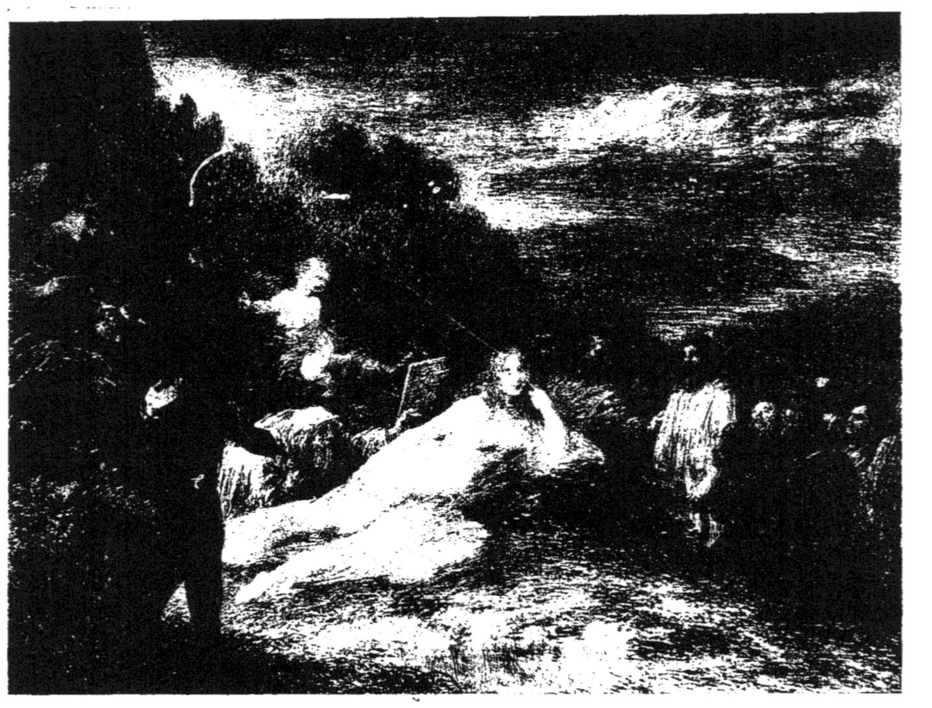

N° 181 du Catalogue.

143. Bouquet de Roses (H. 26), superbe et très rare épreuve *d'essai* sur chine, signée.

144. Baigneuse debout (H. 27), très belle et rare épreuve du 1er état, signée (quelques piqûres dans les marges).

145. Baigneuse debout (H. 27), très belle et rare épreuve du 1er état, sur chine, signée.

146. L'Enfance du Christ. — Repos de la Sainte-Famille, 1re planche (H. 28), superbe et rare épreuve sur chine, signée.

147. Poëmes d'amour, 1re planche (H. 29), magnifique épreuve de toute rareté, sur papier intercale avec une note autographe : « Retouchée par moi, H. Fantin ».

148. La Prise de Troie. : Apparition d'Hector (H. 30), superbe et très rare épreuve du 1er état, *avec dédicace*, signée à Bouvenne.

149. Siegfried et les Filles du Rhin, 1re planche (H. 31), très belle épreuve, signée.

150. Siegfried et les Filles du Rhin, 1re planche (H. 31), très belle épreuve signée et légendée par l'artiste.

151. Une Mélodie de Schumann (H. 32), superbe et très rare épreuve du 1er état, sur chine, signée.

152. Manfred et Astarté, 2e planche (H. 34). très belle et rare épreuve *d'essai*, signée.

153. Baigneuses, 1re grande planche (H. 37), très belle épreuve sur papier intercale.

154. Baigneuses, 2e grande planche (H. 38), superbe et très rare épreuve du 2e état sur chine, signée.

155. Baigneuses, 2e grande planche (H. 38), très belle épreuve.

156. Solitude (H. 40), très belle et rare épreuve sur chine.

157. Lohengrin, duo d'amour (H. 41), superbe et très rare épreuve *d'essai avec dédicace*, signée, à demi effacée.

158. Evocation de Kundry, 1re planche, (H. 42), très belle épreuve sur chine, signée.

159. Evocation de Kundry, 2e planche (H. 43), très belle épreuve sur japon, signée.

160. Le Poète et la Muse (H. 45), très belle épreuve, signée.

161. Musique et Poésie (H. 46), superbe et très rare épreuve du 1er état sur chine, signée.

162. Nuit de Printemps (H. 47), superbe épreuve sur chine, signée, très rare.

163. L'Etoile du Soir, 3e planche (H. 48), très belle épreuve sur chine, signée.

164. Harold dans les Montagnes (H. 49), très belle épreuve sur chine, signée.

165. Le Paradis et la Peri, début, 1re planche, (H. 50), superbe et très rare épreuve du 1er état, *avec dédicace*, signée.

166. Gotterdæmmerung : Siegfried et les Filles du Rhin, 2e planche (H. 51), superbe et rarissime épreuve du 1er état sur papier intercale, signée

167. Italie (H. 52), très belle épreuve sur papier intercale.

168. Evocation d'Erda, 2e planche (H. 54), très belle épreuve sur chine, signée.

169. Evocation d'Erda, 3e planche (H. 57), superbe épreuve *d'essai avant le nom de l'imprimeur*, avec dédicace à Edmond Maitre.

170. Parsifal et les Filles Fleurs (H. 59), superbe et rare épreuve sur chine, signée.

171. Richard Wagner (H. 61 à 74), suite complète de 14 pièces sur chine, très belles épreuves.

172. Richard Wagner (H. 61 à 74), suite complète de 14 lithographies sur chine, très belles épreuves.

173. Rienzi, acte V: Prière de Rienzi (H. 63) — Les Maîtres Chanteurs de Nurenberg, acte I: Rencontre de Walther et d'Eva (H. 68) — L'Or du Rhin, scène 1re: Les Filles du Rhin (H. 69) — La Walkyrie, acte I: Sieglinde et Siegmund (H. 70) — Siegfried, acte III: Evocation d'Erda (H 71) — Siegfried et les Filles du Rhin (H. 72). Ensemble 6 pièces, très belles épreuves sur japon pelure et chine, 2 avec dédicace à Edmond Maître.

174. Hector Berlioz (H. 76 à 89), suite complète de 14 lithographies sur chine volant, très belles épreuves.

175. Hector Berlioz (H. 76 à 89), suite complète de 14 lithographies sur chine, très belles épreuves.

176. Tuba mirum spargens sonum (H. 77) — Harold en Italie dans les Montagnes, épreuve d'essai sur chine volant (H. 80). — La même épreuve sur japon pelure — Benvenuto Cellini, acte III: La Fonte du Persée (H. 81) — Roméo et Juliette: Confidence à la Nuit (H. 82) — L'Enfance du Christ, Le Repos de la Sainte-Famille (H. 85) — Apothéose (H. 89). Ensemble 6 pièces dont 5 très belles épreuves d'essai sur chine volant, avec dédicace à Edmond Maître, et une sur japon pelure.

177. A Victor Hugo (H. 92), belle épreuve sur chine volant.

178. A Victor Hugo (H. 92), très belle épreuve du 1er tirage, sur japon avec dédicace signée.

179. A Eugène Delacroix (H. 93), très belle épreuve sur chine *avec dédicace*, signée.

180. La Gloire (H. 94), très belle épreuve sur chine, signée.

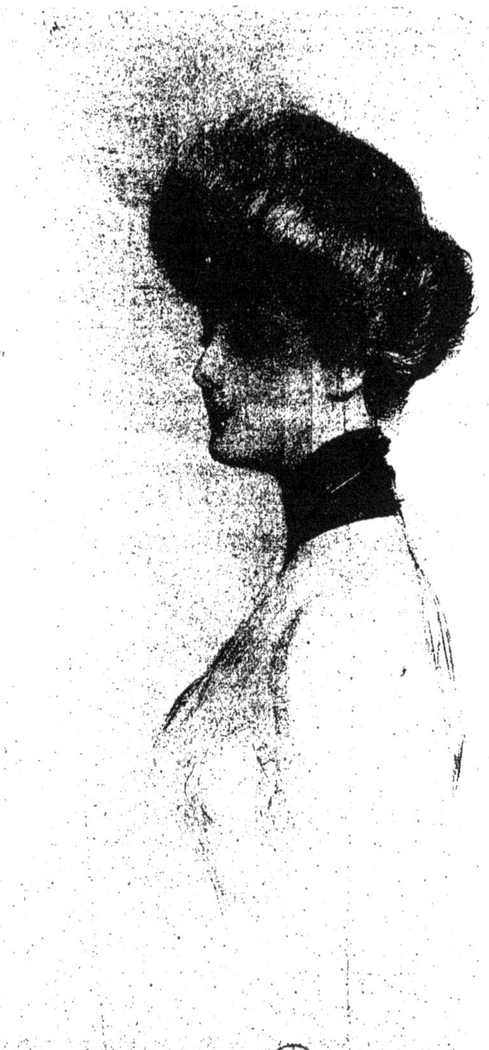

N° 260 du Catalogue.

181. Hélène (H. 95), superbe et rare épreuve sur chine, signée.

182. La Lithographie (H. 75). — Le Mage Balthazar et Fatime (H. 97). — La Liberté (H. 96), ensemble 3 pièces, belles épreuves.

183. L'Amour désarmé, 2e planche (H. 98), superbe et très rare épreuve, sur japon, *avec dédicace*, signée.

184. L'Amour désarmé, 2e planche (H. 98), superbe et rare épreuve sur chine volant, *avec dédicace à Hédiard.*

185. Finale de la Götterdæmmerung (H. 100), très belle épreuve sur chine volant, signée.

186. Finale de la Götterdæmmerung (H. 100), très belle et rare épreuve sur chine volant, signée.

187. Vénus et l'Amour (H. 101), petite planche, superbe épreuve du 2e état, sur japon, signée.

188. Vénus et l'Amour (H. 101), petite planche, très belle épreuve du 3e état sur chine volant.

189. Chasseresse (H. 103), superbe et rare épreuve du 1er état *avec dédicace* signée.

190. Son portrait à 17 ans (H. 104), très belle épreuve sur chine volant.

191. A Stendhal (H. 105), très belle et rare épreuve d'essai sur chine, *retouchée par l'artiste.*

192. A Stendhal (H. 105), très belle épreuve sur chine volant, signée.

193. Manfred et Astarté, 3e planche (H. 107), superbe et très rare épreuve du 1er état, sur chine, signée.

194. A Robert Schumann, 1re planche (H. 108), superbe et rare épreuve *d'essai*, sur chine, signée.

195. A Robert Schumann, 2e planche (H. 109), très belle épreuve sur chine, signée.

196. La Tentation de Saint-Antoine (H. 110), superbe épreuve *d'essai* à *toutes marges* (probablement unique).

197. Le Paradis et la Peri, finale (H. 111), superbe et rare épreuve sur chine volant, *avec dédicace* signée *à Hédiard.*

198. Déposition de Croix (H. 113), très belle épreuve sur chine volant, signée.

199. Le Ballet des Troyens (H. 114), superbe et très rare épreuve du 1er état, sur chine volant, signée (tiree à 5).

200. Duo des Troyens, 5e planche (H. 116), très belle épreuve sur chine volant.

201. Duo des Troyens 6e planche (H. 117), très belle épreuve, signée.

202. Sémiramide (H. 118), très belle épreuve sur chine volant.

203. A Berlioz (H. 120), épreuve du 3e état, sur chine volant. — Étude de Femme assise vue de dos (H. 133), sur japon — La Romanesca (H. 137), épreuve sur japon ; ensemble trois pièces, très belles épreuves.

204. Les Brodeuses, 2e planche (H. 123), très belle épreuve sur chine volant.

205. Baigneuses, moyenne planche (H. 125), très belle épreuve sur chine volant.

206. Ève (H. 126), très belle épreuve sur chine volant.

207. Pastorale (H. 127), superbe épreuve sur chine volant *avec dédicace* signée à Edmond Maitre.

208. Ondine (H. 129), très belle épreuve sur chine volant.

209. Baigneuse debout, 2e planche (H. 130), très belle épreuve.

210. Vénus et l'Amour, grande planche (H. 131), très belle épreuve, signée.

211. A Berlioz, grande planche (H. 132), très belle épreuve sur chine.

212. Etude de Femme assise vue de dos (H. 133) — La Romanesca (H. 137) — Ariane (H. 154). Epreuve du 2ᵉ état sur chine volant, ensemble 3 pièces, très belles épreuves, 2 sur japon.

213. La Lecture (H. 136), très belle épreuve du *1ᵉʳ état*, sur chine volant.

214. Baigneuses, 4ᵉ grande planche (H. 138), très belle épreuve.

215. La Source dans les Bois (H. 139), très belle épreuve sur japon.

216. Danses (H. 140), très belle épreuve sur chine.

217. Göetterdæmmerung : Siegfrid et les Filles du Rhin, 4ᵉ planche (H. 141), belle épreuve.

218. Evocation de Kundry, 4ᵉ planche (H. 142), très belle épreuve sur chine.

219. Les Brodeuses, 3ᵉ planche (H. 143), belle épreuve sur chine appliqué.

220. Vénus Anadyomène (H. 144), très belle épreuve du 3ᵉ état sur chine volant, signée.

221. Prélude de Lohengrin, 2ᵉ planche (H. 146), belle épreuve.

222. Etude pour Eve (H. 147), très belle épreuve sur chine, signée.

223. Baigneuse debout (H. 152), 3ᵉ planche, très belle épreuve sur chine volant, signée.

224. A Johannes Brahms (H. 153), très belle epreuve sur chine volant, *avec dédicace*, signée.

225. Le Paradis et La Peri, début (H. 157), très belle épreuve sur chine volant.

226. Andromède (H. 158), très belle épreuve sur japon.

227. Rêverie (H. 159), belle épreuve.

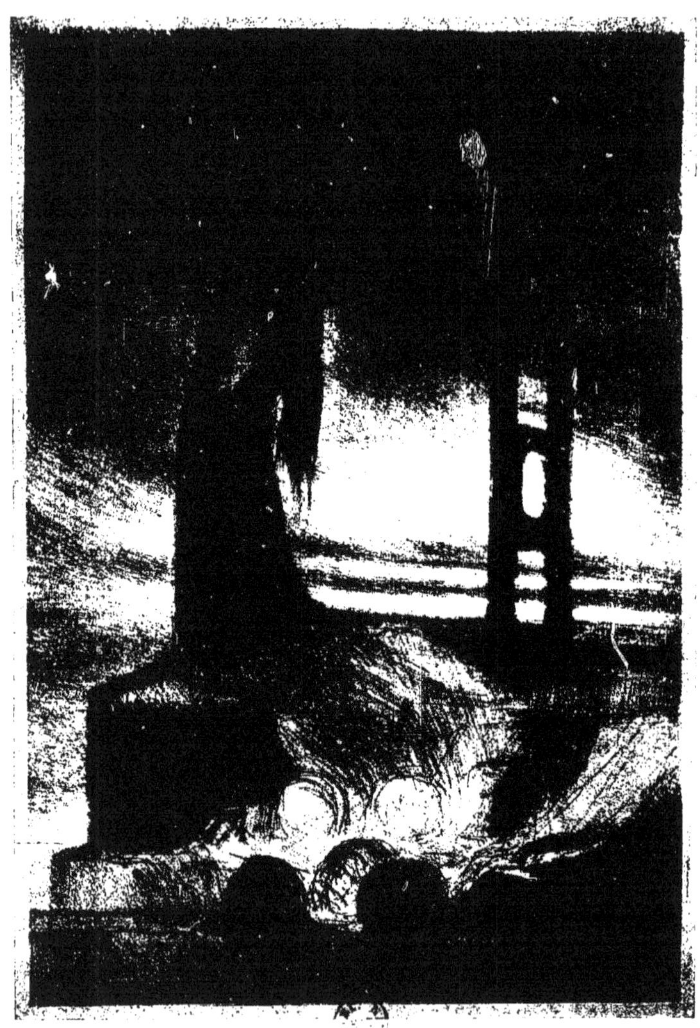

N° 364 du Catalogue.

228. Rêverie (H. 159), très belle épreuve d'état sur japon pelure, *avec dédicace* signée.

229. A Rossini (H. 160), très belle épreuve sur japon.

230. Illustrations pour les Poésies d'André Chénier (H. 161 à 172), suite complète de 12 lithographies, très belles épreuves.

231. Eau dormante (H. 173), très belle épreuve sur pelure, signée.

232. Roméo et Juliette : Confidences à la Nuit, 2e planche (176), très belle épreuve sur chine volant.

233. Duo des Troyens, 7e planche (H. 177), très belle épreuve sur chine volant.

FLAMENG (L.)

234. Jésus guérissant les malades, d'après Rembrandt, superbe épreuve du 1er état, avant l'*S* à gauche.

FORTUNY (M).

235. Arabe veillant le corps de son ami (B. I), très belle épreuve de la collection Goncourt.

236. Kabyle mort (B. 2), très belle épreuve de la collection Goncourt.

FRIANT (E.)

237. Toilette de l'Enfant, pointe sèche originale, épreuve de remarque sur hollande, timbrée du Cercle de la Librairie et signée.

GAILLARD (C. F.)

238. Gravures sur bois d'après les dessins de *F. Gaillard* dans Thorvadsten, sa vie et son œuvre par Eugène Plon ; épreuves d'artiste tirées sur les bois avant l'impression du volume.

37 épreuves sur chine collé ; tiré à 200 exemplaires n° 175.

239. Les Pélerins d'Emmaüs, d'après Rembrandt, superbe épreuve du 6e état (cachet de collection).

240. La Tête de Cire du Musée de Lille (B. 36), très belle épreuve sur chine à grandes marges.

HADEN (Seymour)

241. On The Test (D. 21), superbe belle épreuve sur japon.

242. Early Morning-Richmond (D. 21), superbe épreuve sur japon, signée.

HARPIGNIES

243. Paysage (B. 17), très belle épreuve sur chine.

HELLEU (Paul)

244. Les Amants, lithographie, très belle et rare épreuve imprimée en couleurs, sur chine, signée.

245. Les Crinières (5 études de têtes), très belle épreuve signée.

246. Dame au boa noir et chapeau marquis, superbe et rare épreuve numérotée et signée.

247. Devant le feu, très belle et rare épreuve, signée.

248. La Duchesse de M..., superbe épreuve, signée.

249. Fillette de face en buste, très belle épreuve, signée, rare.

250. Fillette de trois quarts à gauche, très belle épreuve imprimée en couleurs, rare.

251. Jeune Femme en buste, avec un col de fourrure, le menton dans la main; très belle épreuve imprimée en bistre (très rare).

252. Jeune Femme jouant de la harpe, épreuve unique d'une planche détruite, très belle épreuve, signée.

253. The Graphic, très belle et rare épreuve, signée.

254. Jeune Femme en buste, de profil à droite, très belle épreuve, signée, rare.

255. Jeune Fille aux longs cheveux, très belle et rare épreuve, signée.

256. Jeune Fille de face, tenant un manchon, très belle épreuve, signée, très rare.

257. Jeune Fille de face, chapeau à plumes, très belle épreuve, signée, rare.

258. Jeune Fille en buste, chapeau à plumes, très belle épreuve, signée, rare.

259. Jeune Fille en buste, de face, très belle épreuve imprimée en couleurs, rare.

260. Jeune Fille en buste, de profil à gauche, très belle épreuve, signée.

261. Lady Carnarvon, très belle et rare épreuve, signée.

262. Mademoiselle Bompard, très belle et rare épreuve en noir, signée.

263. Mademoiselle Schneider, très belle épreuve, signée très rare.

264. Mademoiselle Lara, de la Comédie-Française, tirès belle et rare épreuve, signée, d'une planche tirée à 2,

265. Mademoiselle Marguerite Brésil, superbe épreuve en noir, très rare.

266. Mademoiselle Madeleine Dolley, superbe épreuve imprimée en couleurs de tout 1er tirage, signée.

267. Mistress X... (Américaine, corsage aux 3 nœuds noirs), très belle épreuve, signée, rare.

268. Madame la Princesse de Pless, superbe épreuve, signée, très rare.

269. Nocturne, très belle et rare épreuve, signée.

270. Les Reflets, très belle et rare épreuve, signée.

271. Servante à la fenêtre, très belle épreuve, signée.

272. Jeune Femme de face, chapeau et boa de plumes ? Très belle épreuve, signée, très rare.

273. Mademoiselle B..., épreuve unique retouchée par l'artiste, signée.

274. Madame C..., très belle et rare épreuve, signée.

HERKOMER

275. Vieille Femme lisant. — Portrait de Richard Wagner, 2 pièces, très belles épreuves, la 1re avant la lettre.

HUET (P.)

276. Les sources de Royat (B. 65), très belle épreuve sur chine.

277. Ruisseau sous bois. — Le Pont, clichés verres, 2 pièces, très belles épreuves, rares.

ISABEY

278. Le Retour au Port (H. B. 15), superbe épreuve sur chine.

JACQUE (Charles)

279. Album d'eaux-fortes de 1864, collection de 25 eaux-fortes en 24 feuilles (G. 177 à 201 inclus), épreuves avant la lettre, sur hollande, en portefeuille.

280. Album d'eaux-fortes de 1865, collection de 24 eaux-fortes (G. 202 à 225), épreuves avant la lettre, sur hollande, en 1 album.

281. La Bergerie, grande planche en largeur (G. 161), superbe et rare épreuve d'essai, sur chine, signée.

282. L'Orage (G. 226), très belle épreuve, rare.

283. La Grande Pastorale (G. 446), très belle épreuve avec dédicace, signée.

JACQUEMART (J.)

284. Les Gemmes et Joyaux de la couronne, publiés et expliqués par Henri Barbet de Jouy, dessinés et gravés à l'eau-forte, d'après les originaux par J. Jacquemart ; *Paris*, 1865, 2 tomes en 1 volume in-f° vélin blanc non rogné, 60 planches à l'eau-forte, avant les inscriptions, Musée du Louvre, exemplaire de Ed. de Goncourt.

285. Histoire de la Bibliophilie. Reliures, recherches sur les Bibliothèques des plus célèbers amateurs. Armorial des Bibliophiles, publié par J. Techener père et L. Techener fils, accompagnée de planches gravées à l'eau-forte par M. J. Jacquemart ; *Paris*, 1861, 10 livraisons en 1 volume in-f° cart. demi-bradel toile.

KŒPPING

286. Le Connétable de Bourbon (B. 16), très belle épreuve de remarque sur parchemin, signée.

287. Un modèle ? in-f° en hauteur, superbe épreuve, signée.

288. Fleurs de printemps (sous bois, traversé par un rayon de soleii), grand in-f°, en haut, signé.

289. François Ier, d'après Le Titien, très belle épreuve sur japon.

290. Frou-Frou, d'après Clairin (B. 17), très belle épreuve d'artiste, sur parchemin, avec les mots : *in progress for Georges Petit*, au crayon.

291. Intérieur d'atelier, d'après Munkacsy (B. 15), très belle épreuve de remarque, sur japon, signée.

292. Femme assise, très belle épreuve sur japon, signée.

KOLLWITZ (Carl)

293. La Carmagnole, très belle épreuve, signée.

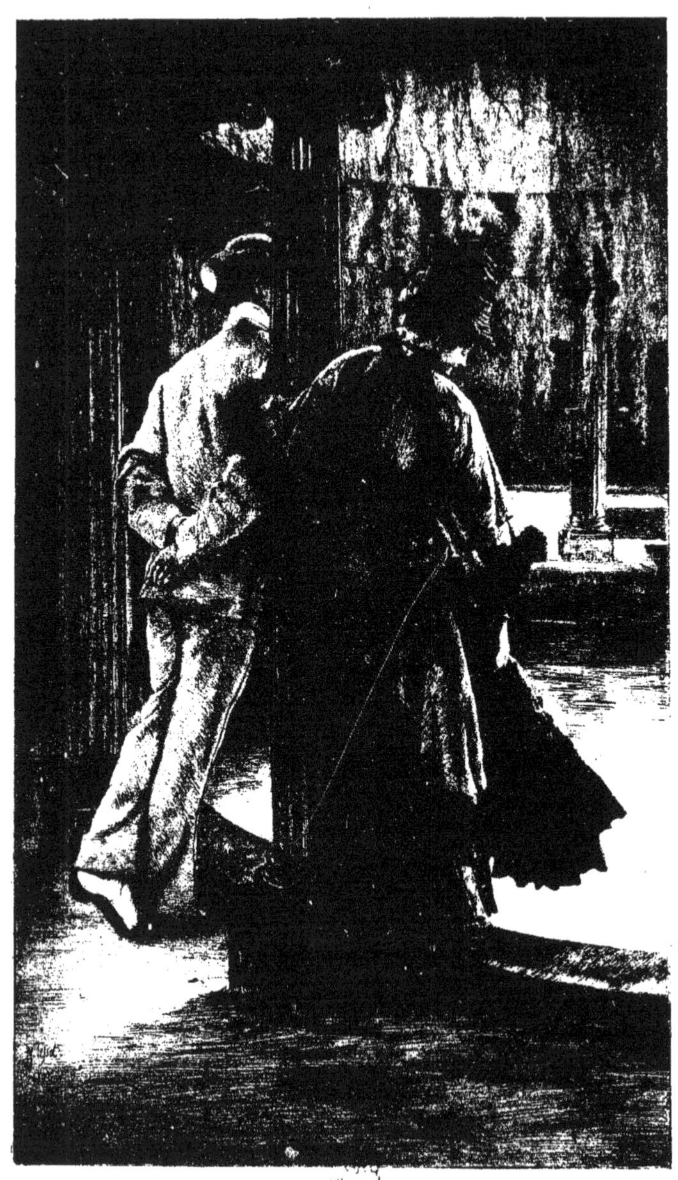

N° 374 du Catalogue.

LAING (Franck)

294. A travers la Manche. — Auld reckie from Arthurs seat, 2 pièces, très belles épreuves sur japon, une signée.

295. Bank of Scotland : Edinburgh. — Cathédrale d'Anvers. — Charenton, 3 pièces, très belles épreuves, signées.

296. Château de St-Andrews, Ecosse — Les deux Arcs — Duddington, 3 pièces, très belles épreuves sur japon, signées.

297. Eglise St-Aignan, Chartres — From the Steps of the Mound Edinburg — Le Grenier, St-Andrews, 3 pièces, très belles épreuves signées.

298. Honest Allan Edinburgh — Le Marchand de Coco — Hôtel et Temple, Edinburg. 3 pièces très belles épreuves signées.

299. La Laiterie — Old Shop, Edinburg — Our Broadway Tayport, Ecosse? 3 pièces, très belles épreuves signées.

300. Les Invalides — Le Jardin du Luxembourg, 2 pièces très belles épreuves signées.

301. The Little Broadway — Princes Street Garden, Edinburgh — View St-Andrews — Vue du Pont de la Concorde. 4 pièces, très belles épreuves.

302. Notre-Dame de la Garde — On the Tay, Scotland — Le Point du Jour — Le Pont de l'Alma. 4 pièces très belles épreuves signées.

303. Pont de l'Estacade, Paris — Profil of Edinburgh Castle — Porte de l'Eglise St-Aignan à Chartres. 3 pièces, très belles épreuves signées.

304. L'Escaut à Anvers — Sir Walter Scott Monument, Edinburgh — The Castle, Edinburgh, 3 pièces, très belles épreuves signées.

305. Romantic Landscape, Edinburgh — St-Etienne du Mont, Paris — St-Piles and Lawn Market, Edinburgh. 3 pièces, très belles épreuves, signées.

306. St-Georges, Edinburgh — St-Marys, Edinburgh — Salisbury Castle, Edinburgh — Spire and Column George Street, Edinburgh. 4 pièces, très belles épreuves signées.

LHERMITTE (Léon)

307. La Cathédrale de Rouen, (H. B. 37), très belle épreuve, signée, rare.

308. L'Intérieur de St-Maclou, (H. B. 38), très belle épreuve signée, rare.

MANET (Ed.)

309. Lola de Valence, (M. 3), très belle épreuve sur papier verdâtre,

310. Le Guitariste, (M. 4), très belle épreuve.

311. Rouvière dans le rôle d'Hamlet, très belle épreuve sur papier verdâtre (M. 38).

312. Jeanne, (M. 47), très belle épreuve avant la lettre.

313. L'Enfant à l'épée tourne à gauche, (M. 52), très belle épreuve du 3e état, rare.

314. **MEISSONIER (d'après E.)**

1. Les Joueurs d'échecs, par A. Mathey, très belle épreuve de remarque sur parchemin, signée.
2. La Partie de Piquet, par A. Mathey, très belle épreuve de remarque sur parchemin, signée.
3. L'Ordonnance, par Mongin, 2 états dont 1 terminé sur chine, avec dédicace signée.
4. Le Maréchal Duroc, par Monzies, 2 épreuves sur japon.
5. Les Amateurs de Peinture, par L. Flameng, épreuve d'artiste sur chine, avec dédicace signée.

6. La Halte, par L. Flameng, in-8° en largeur.
7. Le Sergent recruteur, par Hédouin.
8. Portraits : Hetzel, Alexandre Dumas fils, Portrait du Docteur, par Pigeot, le Cte de Chevigné, Portrait d'Hetzel jeune, lithographie par Pirodon.
9. Les Deux Amis, par E. Ruet, épreuve de remarque sur parchemin, signée.
10. La Halte, par E. Ruet, en hauteur, épreuve de remarque sur parchemin, signée.
11. Le Coup de l'Étrier, par Ruet, épreuve de remarque sur parchemin, signée.
12. L'Homme à la fenêtre, par C. Coppier, épreuve de remarque sur japon, signée et timbrée du Cercle de la Librairie.
13. La Partie de Cartes, en hauteur, par Ruet, épreuve de remarque sur parchemin, signée.
14. Officier Louis XIII, par Poterlet, 2 épreuves de remarque sur parchemin, signée une avec dédicace.

MILLET (d'après J.-F.)

315. Les premiers pas, par G. Greux, 2 épreuves sur parchemin avec remarque — Berger et Chemineau, par ...., épreuve sur parchemin avec remarque — Couturière de village, la veillée, 2 lithographies — Sujets divers, 3 pièces, ensemble 8 pièces, belles épreuves.

316. Les travaux des champs, suite complète de 10 planches gravées par Lessore avec un portrait et couverture.

PANKIEWICZ (J.)

317. Chartres : la place de la Poissonnerie, eau-forte originale, in-folio en hauteur, très belle épreuve, signée.

318. Quatorze eaux-fortes ; *Paris, Collection de l'Art décoratif*, in-folio en portefeuille, tirage à 100 exemplaires (on y joint le prospectus de la publication).

PATRICOT (J.)

319. Miss Stanhope, d'après *Reynolds;* Mistress Hibbert, d'après *Gainsborough*. Ensemble 2 pièces, très belles épreuves sur parchemin, signées.

320. Madame de Senonnes, d'après *Ingres*, épreuve de remarque sur japon, signée.

321. Hébé, d'après *Nattier*, épreuve de remarque sur parchemin.

322. Les deux sœurs, d'après *J. Hoppner* — Master Hare, d'après *Reynolds*, ensemble 2 pièces, très belles épreuves sur parchemin, signées.

323. Le Cimetière de Benerville, épreuve d'artiste sur japon.

324. Jason et Médée, d'après *G. Moreau*, épreuve de remarque sur japon et timbrée du Cercle de la Librairie — La même pièce, épreuve d'artiste sur chine, timbrée du Cercle de la Librairie.

325. Le jeune homme et la mort, d'après *G. Moreau*, épreuve de remarque sur parchemin.

326. La Laitière, d'après *Greuze*, épreuve de remarque sur parchemin.

327. Portrait d'un jeune homme, d'après *Raphaël*, épreuve avant la lettre sur chine.

328. La procession des Rois Mages, d'après *Gozzoli*, épreuve avant la lettre sur chine. Deux feuilles.

ROPS (Félicien)

329. La buveuse d'absinthe (R. 7), très belle épreuve. — La petite peleuse de pommes de terre (R. 26), très belle épreuve sur japon à la cuve, (légèrement épidermée) ; ensemble 2 pièces.

330. La femme à la toque écossaise (R. 23), très belle épreuve sur japon, signée, avec 4 lignes autographes de Rops.

> Avait-elle quinze ans, en avait-elle seize,
> Cette enfant qui sourit sous sa toque écossaise ?
> ...le vice met jusqu'en l'acte civil
> La confusion de l'être charmant et vil.

331. Norwégienne (R. 32), très belle épreuve sur japon, signée.

332. Rops gravant (R. 32), très belle épreuve sur Creswick.

333. La vieille liseuse (R. 35), très belle épreuve sur japon, signée.

334. Servante (R. 41), très belle épreuve sur japon, signée.

335. Oncle Claes et tante Johanna (R. 42), très belle épreuve du 6e état, non décrit.

336. L'experte en dentelles (R. 58), très belle épreuve du 3e état, signée, rare.

337. Oudekate (R. 60), très belle épreuve, signée.

338. L'Ariette (R. 63), très belle épreuve du 5e état, signée, rare.

339. Jean Brouette (R. 68) — William Lesly (R. 72), 7e état, ens. 2 pièces, très belles épreuves.

340. Pilier d'église, (R. 90) — L'oracle du hameau (R. 95), ens. 2 pièces, belles épreuves..

341. La Vieille à l'aiguille (R. 83), très belle épreuve sur japon, signée, rare.

342. La Vieille à l'aiguille (R. 100), superbe épreuve sur japon, signée.

343. La Buée d'automne en Ardennes (R. 110), très belle épreuve sur japon, rare.

344. Jean Vandyrendonck (R. 113), très belle épreuve, signée.

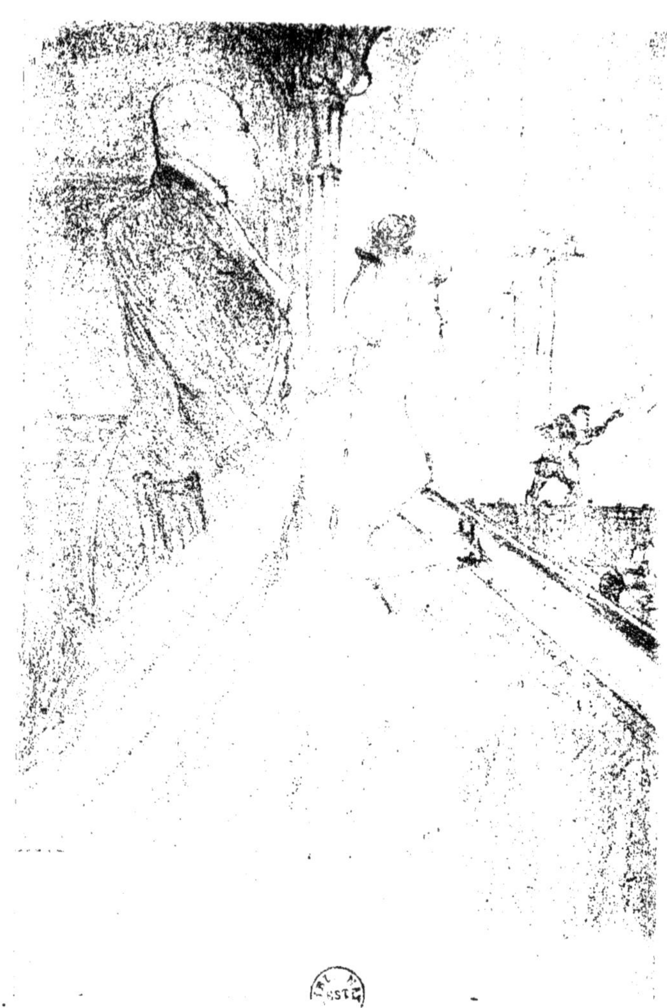

N° 408 du Catalogue.

345. La Grève (R. 120), très belle épreuve sur japon, signée, à grandes marges.

346. Dans la Pusta (R. 123), très belle épreuve du 2e état, sur japon blanc, signée.

347. Dans la Pusta (R. 123), très belle épreuve, sur japon signée.

348. Celle qui fait celle qui lit Musset (R. 124), belle épreuve du 2e état, sur japon, signée.

349. La Planche du Tzigane (R. 125), très belle épreuve, signée.

350. Le Semeur des Paraboles (R. 130), très belle épreuve sur japon.

351. Les Champs (R. 166), très belle épreuve à grandes marges.

352. Petite Liseuse (R. 157). — Cy-devant ou vieux jeu (R. 543). — Tesson humain (fragment no 1 de la Dernière des Pédagogiques (R. 594), ensemble 3 pièces, belles épreuves.

353. Printemps (R. 170), très belle épreuve du 1er état, signée.

354. Le Pendu (R. 357), très belle épreuve, sur chine. — Le sire de Lumey (R. 358), très belle épreuve, sans la lettre, sur chine volant, ensemble 3 pièces.

355. L'Art moderne (R. 413), très belle épreuve sur japon, signée, avec un CROQUIS à la plume dans la marge (femme en buste de profil à gauche, avec décicace signée).

356. J.-F. Millet : Souvenir de Barbizon (R. 431), 1er état sur chine. — Le Timbre d'argent (R. N. D.), fumé, ensemble 2 pièces, très belles épreuves.

357. Aux Folies-Bergères (R. 414). très belle épreuve à grande marges.

358. Curiosité (R. 514), très belle épreuve retouchée en couleurs, signée.

359. Plénipotentiaire (R. 557), superbe épreuve du 2e état avec les barbes.

360. Mater Dolorosa (R. 567), très belle épreuve numérotée et signée.

361. Mater Dolorosa (R. 567), superbe épreuve du bon à tirer, signée.

362. La Cantinière des Pilotes (R. 572), très belle épreuve, signée, avec 5 lignes autographes de Rops.

363. La Porteuse de poisson (R. 579), très belle épreuve.

364. La Peine de mort (R. 175), très belle épreuve sur vélin, très rare.

365. Chez les Trappistes (R. 178), très belle épreuve sur chine.

366. Un Enterrement au pays wallon (R. 179), superbe épreuve.

367. Un Monsieur et une Dame (R. 182), très belle épreuve sur chine, rare.

STRANG (W.)

368. A Series of Thirty Etchings Illustrating subjects from the Writings of Rudyard Kipling, *London*, 1901, album in-4° demi-bradel toile (30 eaux-fortes). Tiré à 100 exemplaires.

369. A Series of Thirty Etchings, Illustrating subjects from Don Quixote. *London*, 1902, in-4° cartonné demi-bradel toile (Trente eaux-fortes avec texte explicatif). Tiré à 200 exemplaires.

TISSOT (James)

370. La Convalescente (B. 1), très belle épreuve avec dédicace, signée.

371. Chapeau Rubens (B. 2), très belle épreuve.

372. Matinée de printemps (B. 7), très belle épreuve du bon à tirer.

373. Matinée de printemps (B. 7), belle épreuve.

374. Querelle d'amoureux (B. 11), superbe épreuve avec dédicace signée.

375. Ramsgate (B. 15), très belle épreuve, signée.

376. Miss L... (il faut qu'une porte soit ouverte ou fermée (B. 16), très belle épreuve.

377. La Galerie du « Calcutta » (B. 18), très belle épreuve du bon à tirer.

378. La Galerie du « Calcutta » (B. 18), très belle épreuve.

379. Miss N... ou la Frileuse (B. 19), très belle épreuve, signée.

380. Le Veuf (B. 21), très belle épreuve du bon à tirer.

381. Le Veuf (B. 21), superbe épreuve, signée.

382. Entre les deux, mon cœur balance (B. 23), très belle épreuve, signée.

383. Mavourneen (B. 24), superbe épreuve, signée, rare.

384. Une histoire ennuyeuse (B. 25), très belle épreuve avec dédicace, signée.

385. Une histoire ennuyeuse (B. 25), très belle épreuve, signée.

386. L'Automne ou Octobre (B. 26), superbe épreuve, signée, très rare.

387. Printemps (B. 27), épreuve unique du bon à tirer.

388. Printemps (B. 27), très belle épreuve, signée.

389. L'Été (B. 36), très belle épreuve du bon à tirer.

390. Les Émigrants (B. 36), superbe épreuve du 1er état, très rare.

391. Le Hamac (B. 37), très belle épreuve, signée.

392. L'Hiver ou promenade dans la neige (B. 39), très belle épreuve.

393. La Sœur aînée (B. 44), très belle épreuve, signée.

394. Les deux Amis (B. 46), très belle épreuve, signée.

395. Soirée d'été (B. 47), épreuve UNIQUE du bon à tirer.

396. Soirée d'été (B. 47), très belle épreuve, signée.

397. L'Enfant prodigue (B. 48 à 52), très belles épreuves avec la lettre, signées (série complète avec la couverture).

398. Dimanche matin (B. 63), très belle épreuve, *avec dédicace signée*, à demi effacée.

TOULOUSE-LAUTREC (Henri de)

399. Rencontre, monotype en couleurs.

400. L'Aube (affiche), très belle épreuve, rare.

401. Bartet et Mounet-Sully dans « Antigone », très belle épreuve sur japon.

402. La Blanchisseuse, très belle épreuve sur chine.

403. Confettis, très belle épreuve.

404. Elles! (Reproductions) 9 pièces de l'Album; manque la Clownesse assise et la Couverture.

405. La Goulue et sa sœur au Moulin Rouge, très belle épreuve, imprimée en couleurs, signée.

406. Lender en buste, très belle épreuve à grandes marges, imprimée en couleurs, numérotée.

407. Les Joueurs de dés, très belle épreuve.

408. Loge à l'Opéra, superbe épreuve, très rare.

409. May Belfort en scène, très belle et rare épreuve de l'état *avec le pianiste*.

410. Napoléon, très belle épreuve signée, rare.

411. Rencontre au Moulin Rouge, très belle épreuve, imprimée en couleurs, signée.

412. Sarah-Bernardt dans « Phèdre », très belle épreuve, sur japon, *avec dédicace* signée.

413. Suite complète de 13 portraits d'Acteurs ou d'Actrices, très belles épreuves.

414. Sur le Pont (Affiche pour le « Salon des Cent »), superbe épreuve *sur japon*, *avant toute lettre*, numérotée 14 et signée.

415. Sur le Pont, très belle épreuve *du trait seulement*, tirée en vert, sur japon, numérotée et signée 21.

416. Le Tonneau ou la Promenade, très belle épreuve, imprimée en couleurs, numérotée.

417. Le Tocsin, épreuve UNIQUE avant la lettre tirée sur *pierre-mère* et signée au crayon.

418. Une Loge, très belle épreuve *d'essai*, numérotée et signée.

419. Vieilles histoires, très belle épreuve.

420. Yvette Guilbert. Texte de Gustave Geffroy, *Paris*, s. d. Album in-4° carré. Couverture illustrée. Tiré à 100 exemplaires, n° 92.

WALTNER (Ch.)

421. Le Baron de Vicq, d'après *Rubens* (B. 1) — Lady Ellenborough, d'après *Lawrence* (B. 4) — Rembrandt, d'après *lui-même* (B. 5). Ensemble 3 pièces, épreuves d'artistes, 2 signées.

422. Vridags van Vallenhoven — Mme Vridags van Vallenhoven, d'après *Ravesteyn* (B. 6-7) — Mistress Fitzherbert, d'après *Romney* (B. 8). Ensemble 3 épreuves d'artiste, sur japon, signées.

423. M. Laideguive, d'après *La Tour* (B. 9) — Lépicié, d'après *lui-même* (B. 10) — Jacqueline van Caestre de Cordes, d'après *Rubens* (B. 20). Ensemble 3 épreuves d'artiste, sur japon, signées.

424. L'Etude, d'après *Fragonard* (B. 11) — La Vierge aux fruits, d'après *Crivelli* (B. 12) — Portrait d'Homme âgé, d'après *Jordaëns* (B. 13). Ensemble 3 pièces sur japon, 1 de remarque. signée, les 2 autres avant lettre.

425. La Mise au Tombeau, d'après *Van Dyck* (B. 22) — Bohémienne, d'après *Ricard* (B. 43), superbe épreuve sur papier ancien verdâtre — Valet de Torero, d'après *Regnault* (B. 46). Ensemble 3 épreuves d'artiste, dont une signée.

426. La Comtesse de Barck, d'après *H. Regnault* (B. 47), très belle épreuve d'artiste sur hollande, *avec dédicace*, signée.

427. Le Vase de Chine, d'après *Fortuny*, sur japon (B. 48) — Le Prince de Galles, sur parchemin, numérotée 8 (B. 52) — Madame Bischoffsheim, d'après *Millais* (B. 82). Ensemble 3 épreuves d'artiste, dont 2 signées.

428. Mlle Masson, d'après Dubois (H. B. 50), très belle épreuve.

429. J.-E. Millais, d'après *lui-même* (B. 81), superbe épreuve d'artiste, sur parchemin, signée.

430. La Marquise d'Ormonde, d'après *Millais* (B. 84) — Miss Graham, d'après *Gainsborough* (B. 105). Ens. 2 épreuves d'artiste, sur japon, signées.

431. La femme du joueur, d'après *Millais* (B. 85), épreuve de remarque, sur japon — L'Aumône de la Veuve, d'après *Millais* (B. 86), épreuve d'artiste sur parchemin ; ens. 2 pièces, superbes épreuves signées.

432. Harmony, d'après *Dicksee* (B. 88), superbe épreuve de remarque sur japon, signée.

433. A Sybil, d'après *Burne-Jones* (B. 90), très belle épreuve d'artiste sur Japon, signée du peintre et du graveur et *timbrée* de la Printseller Association.

434. The Blue Boy, d'après *Gainsborough* (B. 104), superbe épreuve sur japon avec remarque, *timbrée*, de la Printseller Association.

435. Miss Graham, d'après *Gainsborough* (B. 105), très belle épreuve d'artiste, sur japon, signée.

436. Lady Camden, d'après *Reynolds* (B. 107), superbe épreuve *d'essai* sur japon.

437. Rembrandt, d'après lui-même (B. 112), très belle épreuve *d'essai*, sur vélin.

438. Un vieux rabbin, d'après *Rembrandt* (B. 118), très belle épreuve d'artiste sur parchemin, signée.

439. La Comtesse de Bréan (B. 130), épreuve de remarque.— Miss Benwell, d'après *Hoppner* (B. 108), ens. 2 pièces, très belles épreuves d'artiste sur japon, signées.

440. The Misser Baillie, d'après *Gainsborough* (B. 109), très belle épreuve de remarque sur parchemin, signée.

441. Lady Mulgrave, d'après *Gainsborough*, (B. 110) — Meissonier, d'après lui-même (B. 135), ens. 2 pièces, très belles épreuves d'artiste avec remarque sur japon, signées.

442. Lady Mulgrave (B. 110), d'après *Gainsborough*, très belle épreuve d'artiste sur japon.

443. Master Lambton, d'après *Lawrence* (B. 111), superbe épreuve avec remarque sur parchemin, signée.

444. Le Doreur, d'après *Rembrandt* (B. 113), épreuve terminée avec la mention *in progress* sur japon, signée.

445. Monsieur Wilhelm Daey et Madame W. Daey, d'après *Rembrandt* (B. 114 et 115), très belles épreuves d'artiste, sur parchemin, signées.

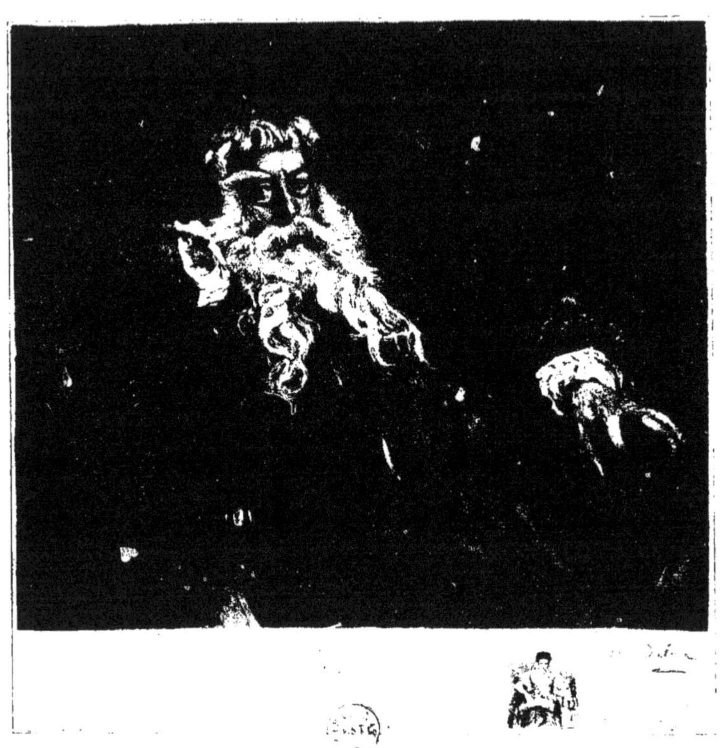

N° 450 du Catalogue.

446. Elisabeth Bas, d'après *Rembrandt* (B. 120), très belle épreuve d'artiste sur japon, signée.

447. L'Amour et Psyché, d'après *P. Baudry* (B. 122), superbe épreuve de remarque sur parchemin, signée et *timbrée*, de la Printseller Association.

448. La même pièce, très belle épreuve d'artiste sur parchemin, signée.

449. L'Astronome d'après *Roybet*, superbe épreuve de *remarque* sur parchemin, signée du *peintre* et du *graveur* et *timbrée* de la Printseller Association.

450. Portrait de Meissonier, d'après lui-même, très belle épreuve de remarque sur parchemin, signée du peintre et du graveur.

451. Portrait de Sarah-Bernhardt, d'après *Bastien Lepage* (B. n. d.), superbe épreuve d'artiste sur parchemin, signée.

452. Le Prince d'Aremberg, d'après *Morot* — Portrait de femme d'après *Hébert*, 2 pièces non décrites, superbes épreuves d'artiste sur parchemin.

453. Quand tu seras fleur devenue, très belle épreuve sur japon, signée.

454. Regina, d'après *Henner*, très belle épreuve d'artiste, sur japon, signée.

455. Salomé, d'après *Henri Regnault*, très belle épreuve d'artiste, sur japon, signée.

456. Un Homme d'armes d'après *Roybet* (B. n. d.), superbe épreuve d'artiste, sur parchemin, signée.

457. La même pièce, très belle épreuve d'artiste, sur japon, signée.

458. Une Liseuse, très belle épreuve de remarque sur parchemin, signée.

459. La même, très belle épreuve de remarque, sur japon, signée.

WISTLER (J. M. N.)

460. La Forge (W. 63), superbe épreuve sur japon pelure, avec les barbes.

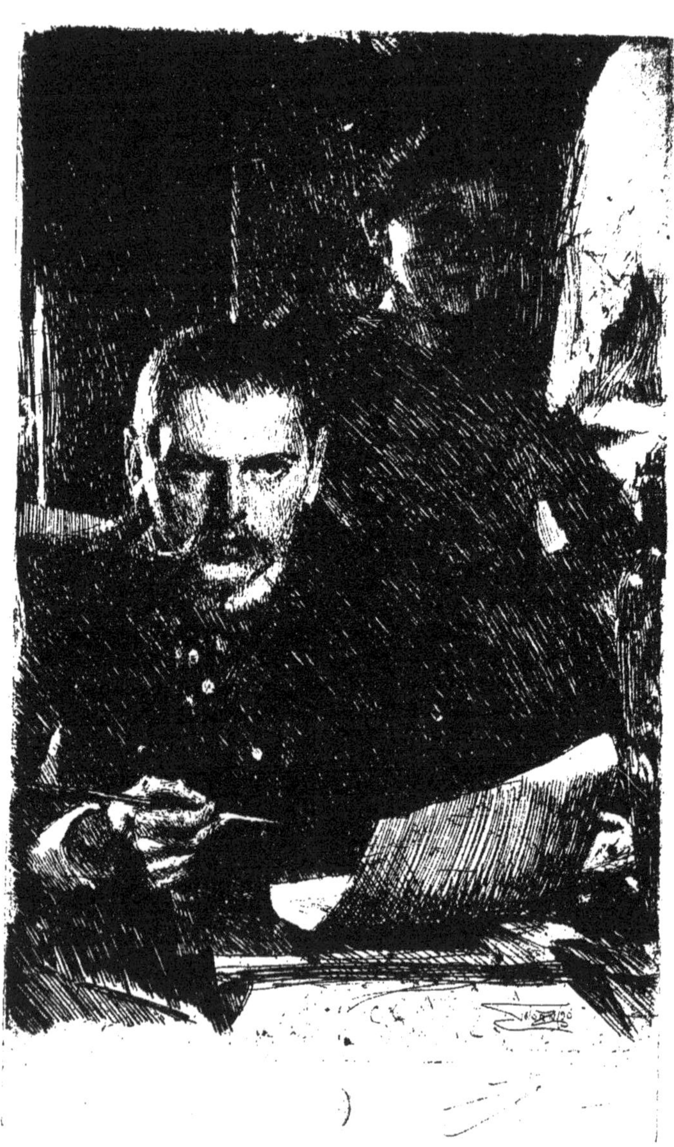

N° 462 du Catalogue.

ZORN (Anders)

461. Les Cousines (Loys Delteil 6), très belle épreuve, signée.

462. Zorn et sa femme (L. D. 42). très belle épreuve, signée.

463. J.-B. Faure (L. D. 52), très belle épreuve, signée.

464. Madame Simon (L. D. 66), très belle épreuve, signée.

465. Ernest Renan (L. D. 72), très belle épreuve, signée.

466. Henry Marquand (L. D. 81), très belle épreuve, signée.

467. L'Irlandaise ou Annie (L. D. 84), très belle et rare épreuve, signée.

468. Paul Verlaine (L. D. 92), belle épreuve.

469. Effet de nuit, 2e planche (L. D. 109), très belle épreuve, signée.

470. Madame Nagel (L. D. 110), très belle épreuve, signée.

471. Oscar II, roi de Suède (L. D. 130), superbe épreuve sur papier verdâtre, signée.

472. Joueuse de billard (L. D. 136), très belle épreuve, signée.

473. Mademoiselle Maya (L. D. 149), superbe et très rare épreuve du 1er *état*, signée.

474. La Madone (L. D. 150), superbe épreuve du 2e état, signée.

475. Billy Mason (L. D. 158), superbe épreuve du 1er *état*, signée.

476. Au piano (L. D. 159), superbe épreuve, signée.

477. Nouvelle Chanson (L. D. 169), très belle épreuve signée.

478. Anna. — Jeune Fille de Mora (L. D. 170), très belle épreuve, signée.

479. Madame Granberg (L. D. 171), très belle épreuve, signée.

480. Colonel Lamont (L. D. 177), très belle épreuve, signée.

481. Anders Zorn, (L. D 180.), très belle épreuve.

482. Mademoiselle Emma Rassmussen (L. D. 182), très belle épreuve, signée.

483. Mistress Skip (L. D. 183), très belle épreuve, signée.

484. Betty en scène (L. D. 189), très belle épreuve, signée.

485. Demoiselle d'honneur (L. D. 191), très belle épreuve, signée.

486. Ida (L. D. 195), très belle épreuve, signée.

487. Hemula, grande planche (L. D. 197), très belle épreuve, signée.

488. Raccommodage (L. D. 198), très belle épreuve, signée.

489. Auguste Rodin (L. D. 204), superbe épreuve du 2e état, signée.

FRAZIER-SOYE
GRAVEUR - IMPRIMEUR
153-157, Rue Montmartre
PARIS

www.ingramcontent.com/pod-product-compliance
Ingram Content Group UK Ltd.
Pitfield, Milton Keynes, MK11 3LW, UK
UKHW020412180726
13839UKWH00003B/1305

9 782329 491615